AF463740

NOTICE

SUR

LA VIE DE SIEYES.

NOTICE

SUR

LA VIE DE SIEYES,

Membre de la première Assemblée Nationale et de la Convention ;

Ecrite à Paris, en messidor, deuxième année de l'ère républicaine. (vieux style, juin 1794.)

EN SUISSE,

Et se trouve à PARIS,

Chez MARADAN, Libraire, rue du Cimetière-André-des-Arts, n°. 9.

L'AN TROISIÈME.

AVANT-PROPOS.

Paris, 9 messidor, seconde année républicaine. (vieux style, 27 juin 1794.)

TOUT le monde connoît le proverbe : *on ne sait ni qui vit, ni qui meurt.* Il est permis de se le rappeller en ce moment autant qu'en aucun autre.

Témoins de l'activité avec laquelle la calomnie a travaillé la partie la plus connue de la vie de Sieyes, nous pouvons conjecturer qu'elle se débordera tout aussi volontiers sur le reste. A tout événement, il faut lui épargner l'embarras de marcher sur le vuide. C'est donc à la calomnie que nous offrons ce tableau sommaire d'une vie fidellement déroulée et toute simple. La dédicace, du moins, paroîtra neuve.

Nous sentons comme d'autres le ridicule de parler d'un homme vivant; mais, premièrement, le proverbe que nous venons de citer répond un peu à ce reproche; le motif qui le suit est, de plus, excusable dans la circonstance; puis, ne sommes-nous pas au temps des choses inusitées ? Celle-ci, du moins, ne sera pas dangereuse.

Si quelqu'un veut reconnoître l'Auteur, ce qui ne sera pas bien difficile, nous lui répondons d'avance : que vous importe, vous n'en avez été que mieux servi pour l'exactitude scrupuleuse des faits. D'ailleurs, il est des époques et des choses sur lesquelles la manière de voir d'un homme fait aussi partie de sa vie.

NOTICE

SUR LA VIE DE SIEYES.

EMMANUEL-JOSEPH SIEYES est né à Fréjus, département du Var, le 3 mai 1748. Ses premières études commencèrent dans la maison paternelle (1), sous la direction d'un précepteur, qui conduisoit en même temps son élève au collége des Jésuites pour y recevoir les leçons publiques avec les autres enfans de la ville. Les Jésuites remarquèrent cet écolier. Ils proposèrent à ses parens de l'envoyer à leur grand pensionnat de Lyon, un des meilleurs établissemens d'éducation qu'ils eussent en France. C'étoit le moment où commençoit, pour la Compagnie dite *de Jésus*, une querelle qui devoit entraîner l'abolition de son institut. Le père de Sieyes résista aux instances des révérends pères et à celles de

(1) Son père joignoit au revenu de quelques biens de campagne suffisant pour vivre à la mode du pays, la place de contrôleur des actes, supplément de fortune qui lui facilitoit les moyens d'élever une famille déjà nombreuse. *Emmanuel* étoit le cinquième de ses enfans. Il y en a eu deux encore après celui-ci.

l'évêque du lieu, qui s'étoit joint à eux. Il envoya son fils achever ses classes au collége des Doctrinaires à Draguignan, ville assez considérable du même département.

Sieyes voyoit là plupart de ses camarades sortir du collége pour entrer, comme élèves, dans l'artillerie ou le génie militaire. Il brûloit de suivre la même carrière. Il en écrivoit à ses parens avec toute la vivacité d'une jeune passion. Pour toute réponse, il fut rappellé à la maison paternelle. On le destinoit à l'état ecclésiastique. L'évêque de Fréjus avoit séduit son père par la promesse d'un prompt avancement. On ne voulut plus voir dans cet enfant que l'état foible et languissant de sa santé. Cette circonstance parut justifier le projet qu'on avoit conçu. Le jeune Sieyes fut envoyé à Paris au séminaire de Saint-Sulpice, pour y faire ses cours de philosophie et de théologie.

Il étoit alors dans sa quatorzième année. Le voilà sequestré décidément de toute société humaine raisonnable, ignorant comme l'est un écolier de cet âge, n'ayant rien vu, rien connu, rien entendu, et enchaîné au centre d'une sphère superstitieuse, qui dut être pour lui l'univers. Il se laissa aller aux événemens, comme on est entraîné par la loi de nécessité. Mais dans une position si contraire à ses goûts naturels, il n'est pas extraordinaire qu'il ait contracté une sorte de mélancolie sauvage, accompagnée de la plus stoïque indifférence sur sa personne et son avenir. Il dut y perdre son bonheur, il étoit hors de la nature ; l'amour de l'étude seul put y gagner. Son attention se dirigea fortement sur les livres et les sciences. Ainsi se passèrent sans interruption les dix plus belles ou plus tristes années de sa vie, jusqu'à l'expiration de ce qu'on nommoit en Sorbonne *le cours de licence*.

Durant ce long intervalle, il ne s'étoit livré aux études théologiques et prétendues philosophiques de l'Université de Paris, qu'autant qu'il lui avoit été nécessaire pour passer les examens et les thèses d'usage. Entraîné par ses goûts, ou peut-être obéissant au seul besoin de se distraire, de consumer son temps et son activité, il parcouroit indistinctement et sans règle toutes les parties de la littérature, étudioit les sciences mathématiques et physiques, et cherchoit même à s'initier dans les arts, sur-tout dans la musique. Cependant un penchant involontaire le portoit à la méditation. Il recherchoit les ouvrages de métaphysique et de morale. Il a souvent avoué qu'aucun livre ne lui a procuré une satisfaction plus vive que ceux de *Locke*, *Condillac*, *Bonnet;* il rencontroit en eux des hommes ayant le même intérêt, le même instinct, et s'occupant d'un besoin commun.

Ses supérieurs avoient, selon leur coutume, épié ses lectures, ses écrits. Ils avoient trouvé dans ses papiers jusqu'à des projets scientifiques assez hardis. Ils consignèrent dans leur registre la note suivante : « Sieyes montre » d'assez fortes dispositions pour les sciences; » mais il est à craindre que ses lectures particulières ne lui donnent du goût pour les nou» veaux principes philosophiques ». Ils se rassurèrent néanmoins en observant son amour prononcé pour la retraite et le travail, la simplicité de ses mœurs, et son caractère qui se montroit déjà pratiquement philosophe. « Vous pourrez en faire, écrivoient-ils un jour » à son évêque, un chanoine honnête homme » et instruit. Du reste, nous devons vous » prévenir qu'il n'est nullement propre au » ministère ecclésiastique ». Ils avoient raison.

Sieyes ayant fini sa licence en Sorbonne, négligea la formalité du bonnet de docteur; et entra dans le monde à l'âge de vingt-quatre ans. Il avoit pu, dans la solitude, se former à l'amour du vrai et du juste, et même à la connoissance de l'homme, si souvent et si mal-à-propos confondue avec celle des hommes, c'est-à-dire, avec la petite expérience des intrigues mouvantes d'un petit nombre d'individus plus ou moins accrédités, et des habitudes étroites de quelques petites coteries (1). Il avoue qu'il n'entendit rien d'abord au parlage oblique de la société, à ses mœurs incertaines, à ce dédain poussé jusqu'au mépris pour ce qui n'est que la vérité, et à la multitude des petits intérêts croisés, des petites affections cachées, qui, animant chaque individu à l'insu des autres, forment souvent, de ce mélange en action, un jeu assez piquant, quoique de mauvaise foi. « Vraiment, » disoit-il, je crois voyager chez un peuple » inconnu; il me faut en étudier les mœurs ». Il ne changea point les siennes. A ses études accoutumées il joignit seulement la fréquentation des spectacles qu'il n'avoit pas encore vus.

Il passa une partie des années 1773 et 1774, soit à cultiver la musique (c'étoit à cet égard l'époque d'une révolution à Paris), soit à réfuter le système politique des éco-

---

(1) La connoissance des hommes est à celle de l'homme, ce qu'est l'intrigue sociale à l'art social.

nomistes qu'il trouvoit roide et pauvre, mais supérieur cent fois à la misérable routine, qui s'en effrayoit, suivant l'usage, sans y rien entendre. Il fit ou crut faire, dans ces deux années, des recherches importantes sur la marche égarée de l'esprit humain en philosophie; sur la métaphysique du langage et les méthodes intellectuelles. Il n'a rien publié. La qualité dominante de son esprit est la passion du vrai, dont la recherche l'absorbe presque involontairement : il n'est point content, s'il tient un sujet, qu'il ne l'ait approfondi, analysé dans toutes ses parties, et ne l'ait ensuite reconstruit dans son ensemble. Mais le besoin de savoir une fois satisfait, il reste avec ses notes et ses tableaux analytiques, qui ne peuvent être que pour lui. La mise au net, le remplissage des vuides, et cette sorte de toilette, que les auteurs même les moins soucieux de fumée littéraire, ne pourroient refuser à des écrits destinés à voir le jour, lui sont insupportables; il a déjà passé à d'autres méditations. S'il s'est permis quelques infidélités à cette sorte de paresse, ce n'a été qu'entraîné par le sentiment d'un grand intérêt public, et dans des momens où il avoit espoir probable d'être utile.

La loi du besoin et la main de fer du Gouvernement le rendirent à sa dure destinée. Il partit en 1775 pour la province de Bretagne, avec un évêque qui alloit se faire installer dans son siége, et qui, pour emmener Sieyes, lui avoit procuré le brevet de joyeux avénement sur son église cathédrale. Peu de temps après avoir pris possession de son canonicat, il eut la liberté de revenir à Paris. Il la dut à un de ces titres ou brevets donnés à Versailles, en vertu desquels on pouvoit toucher à Paris les revenus de son bénéfice. L'occasion se présenta de changer de chapitre. Il fut successivement vicaire-général, chanoine et chancelier de l'église de Chartres. Au milieu de ces mutations, il n'y a de remarquable que le soin extrême qu'il eut à ne jamais s'immiscer dans le ministère ecclésiastique. Jamais il n'a prêché, jamais il n'a confessé; il a fui toutes les fonctions, toutes les occasions qui eussent pu le mettre en évidence cléricale.

On distinguoit alors dans le clergé de France deux sortes d'individus, les ecclésiastiques prêtres, et les ecclésiastiques administrateurs. Sieyes étoit tout au plus de la seconde classe. Déjà on l'avoit vu aux Etats de Bretagne député du diocèse où il avoit eu son premier bénéfice; et, pour le dire en passant, rien n'égale l'indignation qu'il avoit rapportée de cette assemblée contre la honteuse oppression où la noblesse y tenoit le malheureux tiers-état.

A l'époque où nous sommes, il avoit à Paris une place administrative permanente ; il étoit conseiller-commissaire, nommé par le diocèse de Chartres, à la chambre supérieure du clergé de France.

On a pu remarquer dans ce récit purement historique, que Sieyes, dès le cours de sa licence en Sorbonne, mais déjà engagé dans ce que l'église romaine appelle les *ordres sacrés*, étoit parvenu par la lecture de quelques bons livres et par ses réflexions, à se délivrer de toute espèce d'idées et de sentimens superstitieux. Il ne savoit pas, il n'avoit pas même lieu de croire son pays aussi généralement disposé à secouer le même joug. Il fut frappé, en voyant le monde, de le trouver à cet égard plus avancé qu'il n'avoit cru. Le défaut d'équilibre qui se faisoit sentir entre l'opinion publique et celle des gens de son état, étoit arrivé au point qu'une explosion prochaine lui paroissoit immanquable. « Quel » ordre social, disoit-il souvent, où l'on voit » fixée la permanence du quatorzième siècle » au milieu des progrès du dix-huitième » ?

Il ne pouvoit s'empêcher de gémir sur sa

jeunesse cruellement sacrifiée, et sur tant de liens tyranniques qui devoient garotter encore son triste avenir. Le sentiment douloureux dont il étoit plein, se versoit naturellement sur ceux à qui on préparoit les mêmes regrets. Et comment ne pas plaindre cette multitude de tendres enfans, qu'une erreur antique, fortement établie, sembloit attendre à leur entrée dans le monde, pour les marquer comme la part d'une superstition qui certes n'étoit pas leur ouvrage ! A peine ces innocentes créatures commençoient-elles à compter parmi les êtres susceptibles d'une culture particulière, que des soins barbares et applaudis, que des préjugés paternels les arrachoient impitoyablement au cours de leur nature, pour les élever, disoit-on : c'étoit pour les sacrifier, hors des regards de toute sagesse, à un régime inhumain, sépulcral, où les plus misérables instituteurs s'étudioient à les torturer physiquement, moralement, à les façonner, les dresser au service de je ne sais quelles chimères. Et ce crime se commettoit au nom de la Divinité, comme si Dieu avoit besoin du service des hommes, comme s'il pouvoit desirer qu'on lui montât sa maison, son sérail, ainsi qu'aux rois de la terre ! O foiblesse de la raison ! ô force des habitudes ! Et le Gouvernement le souffroit ! Une autorité si absolue, qui se disoit tutélaire, refusoit de fermer à l'aveugle crédulité des pères, à l'ignorance plus excusable des enfans, ce gouffre perfide, insatiable, où sous ses yeux tomboit journellement en hécatombes, une partie précieuse de la génération nouvelle, de l'intéressante et aimable jeunesse propre à tous les états de la vie : plus heureuse, un million de fois, si on l'avoit laissée recruter naturellement les métiers et les professions les plus pénibles de la société !

Il a disparu pour jamais du territoire de la République, ce désordre abominable ; et ce changement tant desiré, ce pas d'une haute importance dans la marche de la perfectibilité humaine, sera un bienfait de la révolution française. Mais, quel sentiment pénible vient se mêler à la reconnoissance ! Ah ! que les mesures de la justice sont quelquefois différentes de celles des hommes ! O mes concitoyens, comment avez-vous pu croire que votre juste horreur des persécutions anciennes vous donnoit un titre à des persécutions nouvelles ? Si des hommes séparés par des siècles pouvoient être solidaires, quel homme sur la terre seroit innocent ? Eh ! comment cette réflexion qu'on peut appeller de nécessité humaine, vous a-t-elle échappé? Est-ce bien vous qui avez tenu ce langage aux plus malheureux esclaves de notre ancienne superstition : O vous qui avez commencé votre carrière, victimes de nos préjugés, il faut la finir victime de..... Vous n'avez pas voulu leur dire : O vous qui avez le plus souffert de *l'erreur commune*, entendez sonner l'heure de l'Egalité et de votre Liberté; reprenez avec nous vos droits de l'homme. Vive la nature ! vive la vérité ! (1)

L'immense opposition de son état à ses sentimens, est peut-être ce qui a entraîné le plus fortement l'esprit de Sieyes à examiner ce mélange de classes, de professions et de travaux, dont se composoit la société politique, et à discerner dans la grande méchanique sociale, les rouages utiles, des institutions parasites. C'est ainsi qu'il a été conduit de bonne heure à juger sévérement les classes privilégiées, et apprécier à sa juste valeur la pleine importance du tiers-état.

Lorsqu'on forma l'assemblée provinciale

---

(1) Il ne peut être question ici des personnes dites ecclésiastiques, qui se sont montrées ennemies de la révolution, mais de celles seulement à qui on n'a d'autre tort à reprocher que d'avoir jadis embrassé leur état, comme elles auroient pris toute autre profession.

d'Orléans, Sieyes avoit quelque réputation pour ses connoissances administratives; il en fut nommé membre, non pas au choix du ministre, mais à celui des administrateurs déjà choisis. Il y donna des preuves de quelque capacité en affaires, d'un cœur probe et ami de son pays; de sorte que l'assemblée crut devoir lui faire de fortes instances pour l'engager à prendre la présidence de la commission intermédiaire; il en a suivi les fonctions pendant peu de tems. Ces assemblées ont beaucoup aidé par l'impulsion qu'elles donnèrent aux esprits, à montrer la nécessité de convoquer les Etats-généraux; elles en firent comme un dogme politique, reçu et professé dans toute l'étendue de la France.

Sieyes étoit lié à Paris, avec quelques-uns des membres du parlement, qui, à cette époque, ont servi la Patrie. Ce grand corps n'avoit ni lumières, ni véritable énergie. La question, par exemple, des lettres-de-cachet étoit mûre pour tous les Francais, excepté pour *Messieurs*, quoiqu'ils ne cessassent de *remontrer* pour la forme, contre leur illégalité. Le jour où les chambres furent exilées à Troyes, Sieyes donna le conseil de se rendre sur le champ au palais, de faire arrêter et

pendre

pendre le ministre signataire d'ordres évidemment arbitraires, illégaux et proscrits par le peuple. Le succès de cette mesure étoit infaillible, elle eût entraîné les applaudissemens de toute la France : son avis ne prévalut point.

Ce fut dans les loisirs de la campagne, où il s'étoit fait une habitude de passer les deux tiers de l'année, qu'il composa dans l'été de 1788, sur la fin du ministère du cardinal de *Loménie*, *ses vues sur les moyens d'exécution dont les Représentans de la France pourront disposer en 1789*, avec cette épigraphe propre à faire connoître son intention : « On peut » élever ses desirs à la hauteur de ses droits, » mais il faut mesurer ses projets sur ses » moyens ». Cette brochure étoit livrée à l'impression et alloit paroître, lorsqu'à son retour à Paris, il crut devoir en suspendre la publication. La question politique qui intéressoit et occupoit tous les Français, sembloit déjà changer de nature ; on la forçoit de se prêter aux nuances, aux prétentions des différentes classes. Ce n'étoit plus la Nation entière, voulant reprendre ses droits sur la puissance absolue de la royauté ; c'étoit la noblesse toujours prompte à se pelotonner, profitant de la réunion et du mauvais

B

esprit des derniers Notables, ne songeoit qu'à faire prévaloir ses intérêts contre ceux du Peuple, espérant bien d'ailleurs faire sanctionner au ministre, ses anciennes et ses nouvelles prétentions, seulement en lui faisant peur. Voilà ce qui engagea Sieyes à écrire son *Essai sur les priviléges*, et incontinent après son ouvrage intitulé : *Qu'est-ce que le Tiers-Etat?* Il est aisé, en comparant ces deux écrits au premier, de voir combien étoit, non pas opposé, mais différent, l'esprit dans lequel il avoit tracé *ses vues sur les moyens d'exécution*. Ces trois brochures parurent coup sur coup, à la fin de 1788 et au commencement de 1789.

Il se forma à Paris, deux nouvelles sociétés ou clubs, pour aviser aux moyens de préparer pour les prochains Etats-Généraux, un parti d'opposition à l'angloise. Elles étoient l'une et l'autre, l'ouvrage de la *minorité* de la noblesse, c'est-à-dire, de quelques hommes de robe et de finance, avec qui le ministre avoit dernièrement refusé d'entrer en négociation; et principalement de cette portion d'hommes de cour, qui, négligés par la reine, se fatiguoient de jalousie et d'intrigues contre les possesseurs heureux du crédit et des graces.

Une de ces sociétés s'assembloit au Marais, dans la maison de M. *Adrien Duport*, conseiller au parlement, grand prosélyte de *Mesmer*, devenu ensuite député de la noblesse de Paris aux Etats-Généraux. Il affectoit alors de porter la doctrine du magnétisme animal au plus haut degré d'illumination ; il y voyoit tout : la médecine, la morale, l'économie politique, la philosophie, l'astronomie, le passé, le présent à toutes les distances, et même le futur : tout cela ne remplissoit que quelques facettes de sa vaste vision mesmérienne. Au surplus, il s'est montré dans la révolution, homme spirituel, intrigant subtil, révolutionnaire ignorant, brouillon, mais actif et très-osé ; prenant ses visions pour des vues, et en général considérant les hommes, comme un joueur regarde les pièces du jeu des échecs, ou comme des marionnettes qu'on fait mouvoir pour ses passe-temps dans une lanterne-magique (1).

(1) *Adrien Duport* est la seule personne dont on se soit permis de parler individuellement dans cet écrit, parce qu'on sait que depuis son émigration en Angleterre, il a causé à la France tout le mal qu'il lui a été possible de faire, par la connoissance intime qu'il avoit de tous les moyens d'agitations à Paris.

A ses conférences se rendoient plusieurs avocats du quartier, plaidant toujours, et puis plaidant encore pour la double représentation du tiers qui avoit déjà été accordée. Ce n'est point ici une plaisanterie, car les avocats de l'ancien club *Duport* plaident encore aujourd'hui, quand on veut les entendre, pour la double représentation du tiers. Et qu'y a-t-il d'étonnant, quand on voit d'un autre côté, les *bons* aristocrates n'être pas prêts encore à rien céder sur la même question ?

L'autre société plus nombreuse, plus répandue, plus active, s'assembloit au jardin du Palais royal ; elle étoit connue sous le nom de *club des enragés*. Celle-ci a rendu des services réels, en répandant avec une généreuse profusion dans toutes les provinces, des pamphlets alors utiles. Sieyes ne fut ni de l'une ni de l'autre société ; il ne mettoit pas beaucoup d'intérêt à créer seulement un parti d'opposition ou insuffisant, ou bientôt écrasé par la cour. Lorsque la raison publique nous donne évidemment la majorité, disoit-il, pourquoi vouloir se borner à un parti d'opposition ? Voulez-vous livrer la restauration des finances à l'esprit économique des gens de cour, confier l'établissement d'une constitution libre, à l'énergie de *l'œil de bœuf*, ou bien aux lumières et à la probité parlementaire de *Messieurs* ? . . . . Hélas ! il ne croyoit pas alors que ce qu'il traitoit en plaisantant, dût devenir l'histoire de la révolution ! Comment l'esprit public, si énergique d'abord, et déjà si avancé par ses premières victoires, s'est-il défié de lui-même, pour se retrancher derrière ses indignes émules ? Comment les a-t-il vus tranquillement à sa place, se parer de ses propres triomphes et usurper la réputation de continuer son ouvrage en le renversant ? Que de calamités seront la suite de cette grande erreur ! Qu'a donc voulu la nature en douant l'homme de la prévoyance, si ce don sublime ne peut jamais lui épargner les frais de la longue et dure expérience !

Quoi qu'il en soit, les assemblées de bailliage venoient d'être convoquées ; l'on partoit en foule de Paris pour s'y rendre. Il étoit desirable de voir s'établir une sorte d'uniformité dans les *cahiers* ou *doléances*, car c'est ainsi qu'on parloit alors. Il étoit à craindre qu'on cherchât inutilement dans les anciens procès-verbaux de 1614, une sorte de modèle ou de guide de ce qu'il y avoit à faire. Il eût été plus fâcheux encore qu'on l'y eût trouvé. Sieyes composa à la hâte un *plan de délibérations pour les assemblées de bailliage* ; on en prit des copies, et un grand nombre de personnes en emportèrent avec elles.

Les princes du sang avoient fini par se déclarer ouvertement contre les intérêts du tiers-état ; il ne restoit que la maison d'Orléans : or, on n'a pas oublié l'immense influence que ces personnages exerçoient alors sur la Nation Française. Les amis les plus actifs de la cause populaire, entreprirent de balancer le dangereux crédit des princes, en profitant de la mésintelligence qui étoit entre eux : c'est en ce sens qu'ils firent usage du nom de l'ex-duc d'Orléans. Quelques patriotes vont proposer à Sieyes de rédiger un projet d'instructions, qu'on vouloit, disoit-on, engager ce prince à envoyer par ses procureurs fondés, dans les nombreux bailliages de son apanage : Sieyes se met à rire, et répond qu'il ne se croyoit pas destiné à travailler pour des princes. On insiste au nom de la cause commune. Puisque c'est là, dit-il, l'intérêt qui vous guide, pourquoi ne vous pas servir tout uniment du *plan de délibérations* que j'ai déjà communiqué à beaucoup de monde, et que vous connoissez ? Je ne puis au surplus, et je vous en avertis, ajouter ni ôter un seul mot à cet écrit ; il ne peut y en avoir deux éditions.

On en prit copie, et on le joignit, sans y rien changer, aux *instructions* que le prince fit faire *ailleurs* : c'est à tort que l'on a confondu ces deux choses. Les instructions du duc d'Orléans, en dix-sept articles, ne sont point de Sieyes; il n'y est pour rien; il ne les a connues qu'avec le public. Il n'y a de lui que la brochure d'environ 56 pages d'inpression *in*-8°, mise sans qu'il s'en soit mêlé, à la suite des instructions, sous son véritable titre très-distinct : *délibérations à prendre par les assemblées de bailliage.* Il est singulier qu'on se soit autant amusé à répandre l'erreur contraire, fondée uniquement sur un misérable *quiproquo :* le fait est aisé à vérifier. Qu'on lise les *délibérations*, et l'on verra si elles ont l'air d'avoir été rédigées pour un prince, ou pour servir un parti quel qu'il pût être. C'est cependant à ce seul incident que tant de bavards sans réflexion se sont accrochés pour spéculer qu'il devoit y avoir de l'intelligence entre l'auteur et le prince. L'erreur est palpable ; et la vérité est, qu'il n'y a jamais eu de rapport entre eux, ni en ce temps, ni à aucune des époques successives de la révolution.

Le tiers-état de Paris, que les ministres avoient jugé à propos de convoquer très-tard, avoit à nommer vingt députés pour les Etats-Généraux. Il fut arrêté par l'assemblée électorale, que les choix ne pourroient tomber ni sur un noble, ni sur un prêtre. Après le dix-neuvième scrutin, l'arrêté d'exclusion fut rapporté, et la majorité des suffrages se réunit au dernier ballotage, sur l'auteur de *Qu'est-ce que le tiers?* Il ne s'y attendoit pas, et le desiroit encore moins.

Les Etats-Généraux étoient assemblés depuis plusieurs semaines, et le temps s'y consumoit en vaines disputes sur la vérification des pouvoirs. Le public, la France entière attendoient avec impatience le premier effort des Représentans du Peuple; Sieyes osa couper le cable du vaisseau que la mauvaise foi retenoit encore au rivage.

Il crut devoir tenter de mettre en pratique les principes qui l'avoient fait connoître, qui lui avoient fait donner sa mission, et pour lesquels l'opinion publique se prononçoit de jour en jour de la manière la moins douteuse. Nul homme n'a eu plus que lui à découvert sa manière de voir et les principes de sa conduite. Il parla avec succès à l'Assemblée Nationale, les 10, 15, 16, 17, 20 et 23 juin. Mais, nous n'avons pas le projet de faire entrer ce qui est du ressort de l'histoire, dans cette Notice purement supplémentaire.

On aime aujourd'hui à confondre les dates et les faits; on semble se persuader que la révolution n'est due qu'à une sorte d'explosion populaire, à une insurrection : cela n'est pas exact.

Les dilapidations des derniers règnes, et le coup de grace donné aux finances par le charlatan *Calonne*, n'étoient point l'ouvrage d'une insurrection. La convocation des Etats-Généraux, qui en fut une suite forcée, n'étoit point l'ouvrage d'une insurrection. L'énergie des députés du Tiers-état, leur courage réfléchi, leur attachement éclairé aux vrais principes de l'ordre social, leur déclaration calme, solemnelle et décisive, sur ce qu'ils étoient, et sur les fonctions nationales que leur mission leur donnoit à remplir, n'étoient point l'ouvrage d'une insurrection.

Cette époque a eu des observateurs. Ils ne peuvent pas avoir oublié que la révolution morale, faite déjà dans la masse pure, éclairée et énergique de la Nation, fut prononcée en quelque sorte *d'office*, et légalement *promulguée* par l'Assemblée Nationale, vers le milieu de juin, devant la toute-puissance royale qu'elle dépouilloit des droits usurpés sur le Peuple, et devant tous les hommes éclairés de la terre, qu'elle rendoit juges de la bonté de sa cause et de la vérité de ses principes.

A-t-on besoin de remarquer que ce grand acte de la volonté du Peuple Français, que cette *révolution*, bien caractérisée, étoit faite avant la réunion de la noblesse ?

L'insurrection mémorable survenue à Paris le 14 juillet, et propagée comme par un coup électrique dans toutes les provinces ; cette insurrection, devenue nécessaire contre les efforts évidemment criminels et rebelles du conseil royal, ne peut pas se séparer de la confiance due à l'Assemblée Nationale. Loin toute fausse comparaison. Ce fut bien véritablement le PEUPLE FRANÇAIS qu'on vit alors, prêtant lui-même force à la Loi, et venant au secours de ses Représentans, qui la faisoient en son nom. Ainsi fut prouvée de nouveau, mais avec une évidence et une force sans replique, la volonté certaine de la Nation sur la nature et l'étendue des pouvoirs qu'elle avoit confiés à ses députés.

Il n'y avoit plus qu'à faire des loix, qu'à établir dans le gouvernement, le systême représentatif, véritable objet de la révolution. Tout étoit prêt à obéir. Les opposans eussent plié ou émigré. C'étoit l'avis de Sieyes ; c'étoit celui de la majorité de ses collègues des communes. Mais alors, la noblesse y étoit.

Sa *minorité* commençoit à se mêler avec les députés du Peuple ; elle vint s'asseoir dans leurs bancs, et faire partie du *côté gauche*. Elle leur prodigua caresses, et *protection* utile en particulier, éloges hypocrites en public : insensiblement elle s'établit à leur tête, pour les conduire dans la nouvelle carrière politique qui venoit de s'ouvrir. Alors la marche des affaires prit un caractère différent. On s'étudia à jetter du mouvement là où il ne falloit que des conceptions, à substituer les manœuvres de l'intrigue aux armes jusqu'à ce jour victorieuses de la raison, à susciter enfin des séditions exécutrices par-tout où il eût suffi d'un simple huissier pour signifier le vœu de l'Assemblée. Ces Messieurs se firent donc *chevaliers de révolutions* ; et pourquoi ? Ils ne vouloient point laisser s'établir un ordre de choses ennemi des priviléges ; ils ne vouloient point sérieusement laisser présenter aux Français une constitution représentative, fondée sur l'égalité. Il falloit, dans ce dessein, paralyser ceux qui n'agissoient que pour la Patrie, ceux qui avoient le plus servi à déterminer la véritable révolution. Le public, qui tourne toujours ses regards du côté où il y a du mouvement, tomba dans une illusion si profonde, qu'il attribuoit tout l'honneur des travaux de l'Assemblée à ceux qui ne s'en mêloient que pour les gâter.

Il est bon de le répéter, parce qu'on s'est trop mépris à quelques apparences. Parmi les membres du côté gauche de la première Assemblée Nationale, les uns n'avoient écrit et agi que pour avoir une constitution ; les autres ne s'agitèrent que pour l'empêcher, et ils prirent le nom de révolutionnaires, dont ne s'étoient seulement pas avisés les premiers, par qui cependant la révolution s'étoit faite.

La vanité, l'ambition, la jalousie de métier, divisèrent bientôt les nouveaux meneurs. Il se forma deux partis : celui des *Lameth*, et celui de *Lafayette*. Les membres des communes, il faut le dire en gémissant, eurent la foiblesse de se partager à *leur suite*, moins entraînés par la confiance, que par les avilissantes habitudes de la vieille superstition nobiliaire.

La faction Laméthique fut nuisible et coupable dès le principe. On peut se la représenter comme une troupe de polissons méchans, toujours en action, criant, intrigant, s'agitant au hasard et sans mesure ; puis, riant du mal qu'ils avoient fait, et du bien qu'ils empêchoient de faire. On peut leur attribuer la meilleure part dans l'égarement de la révolution. Heureuse encore la France, si les agens subalternes de ces premiers perturbateurs, devenus chefs à leur tour par un genre d'hérédité ordinaire dans les longues révolutions, avoient renoncé à l'esprit dont ils furent agités si long-temps !

La masse moins remuante, moins unie, moins serrée des Fayétistes, avoit une apparence plus morale. Son noyau, après avoir passé trop long-temps pour honnête et pur, se rendit tout-à-fait criminel dès le commencement de 1791, par ses intelligences avec le tyran, qui ne fut jamais de bonne-foi. Ceux qui formoient ce noyau, se grouppoient ensuite séparément, afin d'atteindre toutes les nuances et embrasser plus de monde. Dans cette classe de directeurs politiques, nous avons vu les plus habiles des intrigans se croire, par cette seule raison, les plus habiles des hommes; et, véritablement, ils le sont fort dans leur sens, puisqu'ils ont su se retrouver au centre des affaires de la République.

Les auteurs des deux premiers mois de la révolution restèrent indépendans, en petit nombre, et avec peu de crédit. La légéreté française trouvoit même qu'ils avoient *de l'humeur !* Nous ne parlons pas de quelques personnages qui déjà trompoient tous les partis, et même le château qui les payoit.

A peine une corruption commune eût-elle rétabli un point de contact entre les deux factions Fayétique et Laméthique, qu'elles se recherchèrent. Les meneurs, de part et d'autre, s'étoient entendus clandestinement au mois d'avril 1791, au sujet d'un voyage du roi à Saint-Cloud et *plus loin*, sur lequel on avoit indignement trompé les autorités constituées de Paris. La résistance des patriotes, quoique tardive, arriva à temps et fut vigoureuse. Les perfides négociateurs virent qu'il n'y avoit pas de temps à perdre. Ils hâtèrent la coalition des deux partis, qui fut complète et visible pour tout le monde deux mois après, à l'époque de la fuite du roi à Varennes.

Réunissant alors tous les moyens d'intrigue, les chefs coalisés crurent posséder tous les moyens de l'art social. Mais leur incapacité réduite à s'aider du machiavélisme et du crime, acheva de dessiller les yeux du public. On fut frappé de la conduite équivoque de la noblesse, à dater des premiers jours de la révolution, comme si c'étoit une chose nouvelle. On se rappelloit les fréquentes observations des indépendans, en particulier celle-ci, qui avoit fait beaucoup d'ennemis à Sieyes : « Comment ne veut-on pas voir qu'après l'échec de la puissance royale, il n'y a plus de ressource que dans le maniement déloyal de la puissance révolutionnaire, pour nous empêcher de fonder une constitution sur les bons principes? Comment ne voit-on pas que les révolutionnaires contre l'ordre représentatif, doivent se montrer plus révolutionnaires que nous, jusqu'au jour où, devenus les maîtres, ils se hâteront d'abjurer la révolution elle-même » ?

Si l'on veut considérer avec attention la conduite de cette partie de la noblesse avant et après cette époque, on se convaincra qu'elle avoit pris aussi pour devise ces paroles : « Exposons nos droits s'il le faut, pour défendre nos » priviléges ». Ils ont été plus coupables, ils ont exposé la Patrie !

Sieyes, tout entier à ses travaux particuliers d'organisation sociale et à sa douleur patriotique, n'obéissant, comme on le pense bien, à aucune impulsion étrangère, donna lieu, par son immobilité même, à une variation, à une opposition de sentimens et de langage assez singuliers de la part des mêmes personnes. Avant la coalition, la faction Laméthique faisoit de ridicules efforts pour l'appeller aristocrate ; après, elle s'est épuisée à l'appeller républicain régicide. La faction Fayétique, avant la même époque, le recherchoit, le louoit, le caressoit à l'excès; il étoit l'homme juste par excellence, le propagateur éclairé et solide des vrais principes : après, elle se tuoit à colporter, à soutenir qu'il étoit un scélérat. Ce changement, convenu dans un ou deux soupers, passa dans la plupart des salons de Paris, où l'on se prétendoit patriote; ils appartenoient presque tous à l'un ou l'autre parti. Les échos du club dégénéré de 1789 se distinguèrent dans ce genre de lâcheté. Ainsi, parce que Sieyes fut constant dans ses principes, ses discours, ses écrits, sa conduite, il s'est vu tout-à-coup habillé du blanc au noir dans la bonne ville de Paris, qui n'avoit certes aucun reproche à lui faire. Nous raconterons incessamment un produit plus odieux du machiavélisme coalitionnaire à son égard.

Distinguons auparavant trois intervalles dans la carrière politique de Sieyes, depuis l'ouverture des Etats-Généraux jusqu'à celle de la Convention. Le premier va jusqu'au jour où il laissa échapper ces paroles : « ils veulent être » libres, et ils ne savent pas être justes » !

Elles tombèrent, ces paroles, dans l'oreille

de

de la passion. La haine, l'esprit de faction, les recueillirent avidement. La mauvaise foi se chargea des commentaires. Sous leurs efforts réunis, ce qu'on appelloit mal-à-propos son influence, disparut. Il reconnut, dans les défiances manifestées autour de lui, l'ouvrage de la calomnie. Sa détermination, assez prompte, fut de négliger les sots propos, de profiter des défiances pour se donner moins de peine, de paroître peu à la tribune, à laquelle d'ailleurs il ne se sentoit pas propre; mais il continua à travailler utilement dans les comités, autant du moins qu'il ne rencontroit pas un genre d'obstacles qu'il lui est impossible de combattre, celui de la mauvaise foi applaudie, soutenue par ceux-là même qui ont le plus d'intérêt à la démasquer.

Il eut, de cette manière, une part plus ou moins considérable dans les grands travaux et les questions importantes qui ont occupé l'Assemblée, quoiqu'il soit bon d'ajouter, ne fut-ce que pour recueillir la vérité du fait, qu'on n'a adopté aucun de ses plans sans le tronquer et le mêler d'alliage plus ou moins hétérogène. Une autre partie de ses projets et mémoires est restée ensevelie, si elle n'est égarée dans les comités. A peine en a-t-il conservé le souvenir.

Le Lecteur est assez prévenu qu'il n'entre point dans l'intention de cet écrit, de développer le côté public et historique des efforts de Sieyes pour le bien de sa Patrie. Ses écrits, ses actions, ses conseils, ses plaintes même sur l'empirisme des comités et l'esprit de l'Assemblée, manifestés peut-être avec trop d'amertume, enfin ses tristes pressentimens, que des sots méchans ou malins ont voulu prendre après l'événement, pour indices de complicité, demanderoient un volume. Voilà ce qui compose le second période de sa vie politique, moins actif, moins apparent, mais souvent aussi laborieux que le premier. Il finit en juin 1791, époque marquée à son égard par une des infamies les plus caractérisées qu'il ait essuyées dans tout le cours de la révolution. Comme fait personnel, elle trouve sa place ici.

Depuis quelque temps, Sieyes avoit lieu de soupçonner les préparatifs de la coalition dont on vient de parler. Les plus indiscrets des meneurs montroient dans leurs sociétés habituelles l'espoir radieux d'un prompt rétablissement de leur chère superstition gentilhomière. Ils parloient de la nécessité d'une seconde chambre, dans le mode anglais, perfectionné à la française; laquelle, disoient-ils, *doit être na-*

turellement l'apanage de la minorité de la noblesse, PUISQUE C'EST ELLE QUI A FAIT LA RÉVOLUTION.

Déjà quelques membres de l'Assemblée, loin des meneurs par l'intention, je veux le croire, mais près de toutes les intrigues, par une raison étroite et une suffisance extrême, avoient fait la motion de diviser le corps des Législateurs en deux sections, motion goûtée de beaucoup de bons députés, motion fort différente du projet nobiliaire des deux chambres : mais, dans la chaleur ou le vague des débats, elle pouvoit lui en faciliter l'ouverture. Il appartenoit à Sieyes de s'en inquiéter, à Sieyes qui le premier a signalé la distinction des ordres dans une nation, comme une monstruosité politique, et a mis au rang des principes sociaux l'unité et l'égalité du peuple, l'unité et l'égalité de sa représentation législative.

Il s'adressa à divers chefs de peloton pour éclaircir ses doutes. Ils eurent l'hypocrisie de l'assurer, de lui jurer qu'on n'avoit aucune envie d'attenter au principe de l'égalité. Il ne fut pas convaincu, et il conçut le dessein de les forcer à mettre leurs véritables sentimens au plus grand jour. Il composa avec un autre patriote, depuis victime déplorable des derniers contre-révolutionnaires, un projet de *déclaration* à souscrire volontairement, dont l'objet au fond n'étoit que le serment de l'égalité décrété quinze mois après, par le Corps législatif, à la suite du 10 août 1792. Elle contenoit de plus la promesse de maintenir l'unité et l'égalité de la représentation chargée de *voter* la loi, et cela dans tous les cas, même dans celui où la motion déjà faite des deux sections viendroit à être décrétée par l'Assemblée. Il est à remarquer que Sieyes ne recevoit que des encouragemens et de vives instances pour la plus prompte exécution de son dessein.

Il croyoit, en ce moment, rendre le service le plus signalé qu'il eût encore offert à son pays. Si l'on étoit de bonne-foi, son projet devoit réunir tous les patriotes en éteignant les défiances, et la chose publique pouvoit être sauvée; s'il y avoit de faux frères, comme il le pressentoit avec raison, ils devoient être connus et se trouver ainsi hors d'état de tromper davantage les amans de la liberté et de l'égalité. Son cœur étoit pénétré de la nécessité de cette mesure. Que de maux elle eût prévenus! Voici quel parti l'intrigue nobiliaire, menacée dans son dernier refuge, sut tirer de cette aventure.

L'écrit dont il s'agit étoit à peine sous presse, déjà les coquins se l'étoient procuré. Déjà un libelle diffamatoire des plus virulens étoit entre les mains d'un fou dangereux, *Salles*, chargé de commencer l'attaque par sa lecture aux Jacôbins. Il devoit y être applaudi à *grands mouvemens ;* les bonnes mesures étoient prises. On va voir un tour de force des plus extraordinaires, en calomnie d'une part, en ignorance crasse de l'autre. La *déclaration* n'étant pas publique encore, quelques épreuves seulement ayant été confiées à ceux qui les premiers s'étoient offerts à recueillir les noms, Sieyes est dénoncé solemnellement le 19 juin 1791 à la tribune des Jacobins, comme ayant le projet contre-révolutionnaire, 1°. de ressusciter la noblesse; 2°. d'instituer deux chambres législatives; et, 3°. dans ce dessein criminel, d'avoir inondé les quatre-vingt-trois départemens d'un formulaire à signer, &c. Pour preuves, on présente un exemplaire de la déclaration inédite encore, composée *ex professo* contre les deux projets supposés. Or, c'étoient les véritables amateurs de la noblesse et des deux chambres, qui avoient tramé la dénonciation et conduisoient tous les détails de cette étrange hostilité. Remarquez sur-tout que le roi devoit s'enfuir le lendemain (dans la nuit du 20 au 21), et que les maîtres de la convulsion jacobinique étoient complices de cette fuite ! Le temps, qui a dévoilé toute cette manœuvre, a mis également à découvert l'intention des coalitionnaires machinateurs. Ils avoient cru assurer bien mieux le succès de leurs odieux desseins, s'ils pouvoient immoler Sieyes, ou tout au moins le rendre tellement suspect, qu'il lui fût impossible de se faire entendre au premier éclat de la fuite méditée; car on connoissoit son opinion sur l'absurdité de reconnoître comme représentant quiconque n'a pas été élu librement par les représentés. Voilà qui explique l'empressement mis à dénoncer un écrit non encore publié, et la page du libelle où l'on parloit trop tôt de l'envoi dans les départemens. Cette anecdote, dont le développement aux Jacobins au milieu de fureurs étudiées dura trois jours, indigna tellement le petit nombre d'honnêtes gens impartiaux, qu'ils n'y sont plus retournés. Elle présente dans ses détails et dans les désaveux successifs et combinés de plusieurs signataires, et de quelques autres qui n'y étoient pour rien, un ensemble de passions petites et viles, un tissu de lâcheté et de perfidie.

Quant à Sieyes, il ne connoissoit pas le

péril où il étoit ; il se préparoit à répondre Le lendemain 20 juin, il avoit déjà fait ajouter à l'imprimerie, à la suite de la déclaration calomniée, le récit de la scène extraordinaire qui s'étoit passée la veille aux Jacobins. Il comptoit toujours publier son écrit. Mais l'inquiétude des esprits au 21 juin ; l'égarement du public si facile à opérer sur les choses les plus voisines et les plus claires ; la foule d'incidens et d'abominables tentatives peu connues encore, qui remplirent cette journée et les suivantes ; le petit nombre, devenu presqu'imperceptible, des Députés restés fidèles et purs ; enfin le règne tracassier, impudent et dégagé de tout frein moral, de la fameuse coalition revisante, inspirèrent à Sieyes sa dernière résolution ; ce fut de se renfermer décidément dans un silence philosophique. Les reproches des hommes de bonne-foi n'ont pas résisté à ses motifs, quand il leur a répondu : « Que voulez-vous ? Si » je prononce : deux et deux font quatre, » les coquins font accroire au public que j'ai » dit : deux et deux font trois. Quand on en » est là, quel espoir d'utilité ? Il ne reste » qu'à se taire ».

Là finit, comme nous l'avons observé, le second période de la carrière de Sieyes.

A dater de ce moment, durant toute la tenue de l'Assemblée législative, jusqu'à l'ouverture de la Convention, il est resté complètement étranger à toute action politique. C'est le troisième intervalle; il n'offre rien de remarquable, si ce n'est son mépris paisible pour les ridicules et chimériques suppositions dont il n'a pas cessé d'être l'objet. Il faut reprendre la suite des faits.

A la première formation du département de Paris, il avoit été élu administrateur et membre du directoire. Le tableau de ce qu'on peut lui attribuer d'opérations utiles dans cette place, n'entre pas plus dans l'objet de ce récit, que ce qu'il a fait ou écrit dans l'Assemblée constituante; car ce n'est pas le desir de louer Sieyes qui nous a mis la plume à la main.

On voulut aussi le faire évêque de Paris. Il s'apperçut qu'il étoit poussé à ce poste par amis et ennemis. Mais ses opinions seules lui faisoient un devoir de ne pas accepter. Au moment de l'élection, il écrivit au Corps électoral pour le prévenir de son refus.

A peine l'Assemblée constituante eût-elle clos ses séances, qu'il se démit de sa place au département, et il se retira à la campagne, à une petite lieue de Paris.

On se souvient des altercations misérables qui s'élevèrent entre le Roi et une Assemblée toute neuve, dès ses premières séances. La Cour sut en profiter. Elle fit rapidement de prodigieuses recrues dans les salons de la capitale, et même dans la garde nationale. Sieyes crut s'appercevoir que ce mauvais esprit gagnoit les maisons qu'il avoit continué à fréquenter : il les abandonna.

Bientôt l'incurable orgueil du château et ses mouvemens suspects, l'inertie des ministres combinée avec l'activité criminelle à l'armée, à Paris, dans les administrations départementales, et chez l'étanger, de la malheureuse coalition qui conduisoit tout, rendoient palpable pour les hommes de bonne-foi, le plan progressif de contre-révolution royale. A cet égard, Sieyes ne dissimula son avis, ni sur la certitude du fait, ni sur les moyens convenables d'en arrêter les progrès, et d'y remédier. Il n'étoit point en mesure d'être autrement utile. A peine avoit-il de simples relations de société avec huit à dix Députés d'alors, et il n'en avoit d'aucune espèce avec les patriotes ardens de la capitale, plus résolus, et plus en état de se défendre contre les projets de la Cour. Il étoit même dans une profonde ignorance de ce qui se passoit entre eux.

Il avoit été voir un de ses amis dans une campagne éloignée de plus de soixante lieues. Il y étoit lorsqu'il apprit la journée du 10 août. Ce grand événement ne l'étonna point : on devoit s'y attendre. Il écrivit à Paris : « Si » l'insurrection du 14 juillet a été la révolu- » tion des Français, celle du 10 août sera » appellée la révolution des patriotes ». Mais, ajoutoit-il : « le Corps législatif s'en est-il » emparé ? et va-t-il la diriger sans partage, » en attendant la nouvelle Convention » ?

Les événemens de la fin d'août, et du commencement de septembre, prouvèrent que le Corps législatif avoit foibli. Il n'osa saisir les rênes du Gouvernement ; les nouvelles journées furent indignes de celle du 10 août.

Les espérances de salut public s'étoient ranimées chez Sieyes, elles durent s'affoiblir ; il attendoit à connoître les premiers jours de la Convention. Il songeoit à se choisir pour l'hiver, une retraite plus reculée encore que celle où il se trouvoit momentanément.

Au milieu de ces pensées, il appreud qu'il vient d'être nommé Député à la Convention par trois départemens. C'étoit bien sans sa participation. Il n'avoit dans aucun des trois, aucune connoissance personnelle. Son goût et ses vœux ne pouvoient le porter à un poste, où il ne se sentoit plus en état de servir la Patrie. Mais, quelles circonstances ! comment refuser ? comment auroit-on interprété son refus ? Il se met donc en route, et il arriva à Paris et à la Convention le même jour, le 21 septembre.

Aux objets, aux figures, qui de toutes parts étonnent ses regards, aux discours qui frappent son oreille, il pouvoit sans délire se croire transporté par une puissance magique au bout du monde, dans un pays inconnu.

Il est étranger à tout ce qu'il rencontre, aux hommes accrédités sur-tout, dont sa malheureuse étoile semble vouloir lui faire une loi de se rapprocher. Il s'arrête ; il observe ; il pressent l'entreprise formée par eux de maîtriser et de perdre la Convention, que ces hommes avilissoient deja par leur présence.

Il est étranger aux jacobins, aux ministres, au foyer infernal des bureaux de la guerre, et à cette commune municipale (1), où les événemens de septembre avoient transporté

---

(1) Ce n'étoit plus celle du 10 août. — Remarque essentielle.

toute la force réelle ; où les idées les plus incohérentes qui aient déshonoré le cerveau humain, passoient pour un système de démocratie digne du Peuple Français ; où les formes sales, les mœurs abjectes, le langage corrompu, les appétits brutaux sortis des cloaques les plus impurs, les plus bicêtriques, étoient regardés comme le signe d'un patriotisme ardent, comme la seule preuve d'un amour sincère de l'égalité : étranger, c'est peu dire ; le vent empoisonné des diplomaties royales, de l'aristocratie et des perfides coalitionnaires émigrés ou restés, soufflant par une infinité de tuyaux sur la République naissante et sur sa représentation conventionnelle, y transmettoit toutes les haines, toutes les fureurs, avec la soif ardente des plus noires vengeances. L'homme pur, l'homme à principes, l'ami sincère de sa Patrie, sur-tout si son nom avoit le malheur d'être connu dans la révolution, n'étoit pas seulement étranger, il étoit ennemi ; sa personne appartenoit à la rage de toute les factions : elles le veilloient, le noircissoient, le déchiroient à l'envi ; et rien n'étoit examiné, tout étoit reçu, et paroissoit bon à la défiance avide de mal penser, à l'ignorance la plus ombrageuse qui ait existé sur le globe.

L'ame navrée renfermoit avec douleur l'inévitable pensée, que c'étoit malheureusement là le caractère dominant, même de la plupart des hommes de bonne-foi ! Delà l'impossibilité du remède.

Les jours s'écouloient dans des inquiétudes sourdes, et des agitations sans cesse renaissantes, bien que dépourvues de motifs apparens. Quelle position que celle où le ressouvenir des fautes passées ne pouvoit offrir aucuns secours, la connoissance des faits ne pouvoit rien éclaircir, et les réflexions politiques les plus sages, les avis les plus salutaires ne pouvoient se faire entendre, ou étoient comptés pour des crimes !

Avoit-on besoin d'en appeller à l'histoire de la révolution ? Elle étoit inconnue ou altérée, comme si elle s'étoit passée dans la grande Tartarie. A sa place vous surpreniez sur [illegible]es les lèvres, une répétition grossière des vieilles et plus méprisables imputations aristocratiques, des sottises ridicules et méchantes débitées depuis quatre ans, par la mauvaise foi et les libellistes de tous les partis. Vainement auriez-vous cherché un point fixe dans l'opinion publique : l'opinion publique étoit dans le silence ; et l'on donnoit hardiment pour elle, tout ce que les passions vouloient trouver dans le chaos des mille et mille calomnies personnelles. Comment sortir de ce dédale ? à qui s'adresser ? Toutes les épreuves vous ramenoient à des hommes ou neutralisés ou qui sembloient vouloir, non pas atteindre le but, non pas établir la République et finir la révolution, mais l'exploiter à leur tour et à leur manière ! Delà encore l'impossibilité du remède.

Malheur à celui qui prêtoit l'oreille aux conversations, aux grouppes, aux divers orateurs ! Il sentoit l'abattement du désespoir descendre dans toutes les facultés de son ame, en entendant l'infame prostitution qui se faisoit des termes les plus chers au cœur du vrai Français. Liberté, Egalité, Peuple, noms révérés, signes de ralliement et guides sûrs dans les célèbres journées du 14 juillet et du 10 août, vous aviez perdu votre signification naturelle, et sembliez dans ces horribles bouches, conspirer vous-mêmes avec les ennemis de la Patrie.

Ils avoient l'air de s'être proposé ce terrible problême : Comment faire la contre-révolution avec les mots *Liberté*, *Egalité*, et de s'être répondu : Déployons ces drapeaux de la révolution dans le camp des contre-révolutionnaires, et nous verrons accourir à nous la mauvaise foi enchantée, l'ignorance séduite, la rapacité, la férocité ; la lâcheté suivra de près, et même cette habileté versatile qui cherche à s'en distinguer, elle n'en sera que plus propre à nous servir, si elle y trouve son compte. Courage donc, corrompons la langue : que l'égalité ne soit plus l'égalité de droits et la garantie sociale d'un bien-être général, mais l'inégalité renversée des droits et l'égalité de misère ; que la Liberté réclamée par nous soit celle des coquins contre celle des bons citoyens ; hors nous et nos amis, nul n'étant patriote, frappons sur tous, mais en particulier sur ceux qui se sont montrés les premiers, ceux de 1789 : *ils se sont trop hatés*, dirons-nous ; le bon patriotisme doit être nouveau, il ne datera que du jour où nous serons les maîtres. Les diverses acceptions du mot *peuple* lui prêtant une merveilleuse aptitude à l'équivoque, il faut en profiter. Pour nous comme pour les aristocrates, le Peuple ne doit être que la portion des habitans la moins cultivée, la plus ignorante, la moins intéressée au maintien de l'ordre, la plus prompte dans ses passions : c'est lui donner déjà trop de latitude ; le Peuple ne sera que le *groupe cen-*

tral (1) de cette faction d'habitans ; et comme le groupe central a autre chose à faire qu'à se tenir rassemblé à notre dévotion, il faudra finalement donner le nom et tous les droits du Peuple Français, au premier attroupement que le hasard ou nos soins formeront au coin de la rue ou ailleurs ; car, où seroit le Peuple s'il n'étoit pas dans nos grouppes ? où seroit la démocratie, si des Représentans élus prétendoient le représenter au préjudice des *patriotes* qui se donnent à eux-mêmes leur mission dans un club, ou la reçoivent de nous ? Juste ciel ! et quiconque témoignoit du mépris pour ces dangereuses extravagances se rendoit suspect, il n'étoit pas *à la hauteur !* Que de maux sont sortis de l'abus que ces misérables ont fait des termes *révolution*, *révolutionnaires* ! Entendre par là une mutation politique, un changement de constitution ou de gouvernement, et les avantages successifs d'une bonne législation, c'é-

---

(1) Nous ne remarquons pas ici et dans ce qui suit, un simple abus de langage déjà commun du temps de la première Assemblée Nationale, parmi les agitateurs. Il s'agit d'un système conçu, convenu, suivi et organisé, autant que la malveillance peut organiser la déraison.

toit

toit vouloir se rapprocher des *traîtres*, qui avoient prêté le serment du jeu de paume et miné la royauté en 1789, des modérés qui avoient vaincu le tyran et proclamé la République en 1792. Une véritable révolution, comme eux vouloient la faire, devoit être un bouleversement général, et la ruine complète de tous les rapports qui lient les hommes et les choses dans l'ordre civil et dans l'ordre économique; cela s'appelloit la régénération complète d'un peuple corrompu par l'aristocratie des lumières, du commerce et des richesses. Hélas! un écrivain justement célèbre qui seroit mort de douleur s'il avoit connu ses disciples, un philosophe aussi parfait de sentiment que foible de vue, n'a-t-il pas dans ses pages éloquentes, riches en détails accessoires, pauvres au fond, confondu lui-même les *principes* de l'art social avec les *commencemens* de la société humaine? Que dire, si l'on voyoit dans un autre genre méchanique, entreprendre le radoub ou la construction d'un vaisseau de ligne, avec la seule théorie, les seules ressources des Sauvages dans la construction de leurs pirogues? Pour être révolutionnaire après le mois de septembre 1792, il falloit voir d'un œil sec, les innombrables germes de malheurs qui fermentoient sur toutes les parties de la République ; car, disoient les monstres, rien n'est révolutionnaire comme le malheur. Mais l'attention se lasse et la plume se refuse à continuer cet horrible tableau. Que ceux dont le sentiment d'indignation plus impatient en en apparence, a déjà accusé la lente opiniâtreté de l'écrivain à broyer de si noires couleurs, veuillent bien rentrer un instant en eux-mêmes : que pensoient-ils, que faisoient-ils, que disoient-ils alors ? Ajoutons seulement, qu'à toutes les plaintes des citoyens, aux gemissemens redoublés de tant de familles patriotes opprimées, à chaque apparition d'une calamité nouvelle, on opposoit la même réponse : Nous sommes en révolution ; et il n'y avoit plus à repliquer. Si l'histoire nous apprend que les crises politiques entraînent toujours trop de désastres, malgré tous les soins possibles, et de quelques précautions qu'on s'arme pour les prévenir, les adoucir, les réparer ; ils en concluoient, eux, qu'il ne falloit ni soins, ni précautions ; que les maux particuliers et publics sont l'essence même d'une révolution ; que chercher à les prévenir, c'étoit faire un acte contre-révolutionnaire ; que les déplorer, c'étoit se montrer ennemi du Peuple ; qu'un véritable patriote devoit y ajouter de toutes ses forces, afin de donner plus d'extension, plus de latitude à la plus sublime des révolutions. Telle étoit déjà l'activité de la désorganisation générale, qu'elle avoit passé jusque dans les têtes ! Le faux peuple que nous venons de peindre, le plus mortel ennemi qu'ait jamais eu le Peuple François, obstruoit sans cesse les avenues de la Convention. A l'entrée et à la sortie de cette Assemblée, le spectateur interdit étoit tenté de croire à l'irruption soudaine de nouvelles hordes barbares, à l'apparition d'une nuée de harpies voraces et sanguinaires accourues de toutes parts pour se saisir de la Révolution Française, comme d'une proie naturelle à leur espèce (1). Que faire, encore une fois, dans une telle nuit ? Attendre le jour. Cependant cette sage détermination n'a pas été tout-à-fait celle de Sieyes.

Il a essayé plusieurs fois d'être utile, autrement que par sa simple assiduité aux séances. Parmi ses tentatives toutes infructueuses, nous citerons son rapport du 13 jan-

(1) Il ne faut pas croire que l'auteur ait voulu faire une esquisse complète, même en se bornant au moment dont il s'agit. Quel présage !

vier 1793, *sur l'organisation provisoire du ministère de la guerre*, rapport accueilli d'abord par un silence d'inquisition autant que de curiosité, calomnié après jusqu'au ridicule, et repoussé finalement par tous les partis.

Il a travaillé à organiser *un nouvel établissement d'instruction publique ;* ce qu'il ne faut pas confondre avec la manie incurable de fixer dogmatiquement et de décréter législativement la *matière* de l'instruction.

Son plan étoit, au moment où il a paru, le plus court ; c'est encore le plus complet de tous ceux qui ont été présentés. Le comité d'instruction, après l'avoir adopté, chargea un autre de ses membres, bien voulu à l'Assemblée, d'en faire le rapport à la tribune. Il ne fut pas mal reçu, la Convention en ajourna la discussion à un jour assez prochain. Le rapporteur se conformant à la prudence du temps, crut devoir le soumettre d'avance à l'assemblee dite *la réunion*, où après quelques légers amendemens, il n'y eut de partage d'opinion que sur la manière de le faire décréter en masse, ou article par article.

Le lendemain ou le surlendemain, le hazard amène le nom de Sieyes à propos du plan d'instruction. On se demande vivement dans de certains grouppes : est-ce lui qui l'a fait ? Oui. Aussi-tôt les dispositions changent. On a l'air de se défier des vues, des intentions. On lit, on relit. Le singe retournant un miroir pour chercher derrière, n'est pas plus plaisant. A force de regarder et de soupçonner, on croit entrevoir quelque chose. On est bientôt certain qu'il doit y avoir dans cette rédaction, un plan complet de contre-révolution et de fédéralisme. Le rapporteur est vivement tancé pour avoir osé présenter à la tribune quelque chose qui n'est pas d'un membre de la *montagne*. C'est comme si on lui avoit tendu un piége. L'affaire devient importante. On la traite révolutionnairement. Ceux qui cherchoient une occasion croient l'avoir trouvée. Le mot d'ordre est donné. Les nouveaux *patriotes* courent le 30 juin aux Jacobins, entendre une déclamation vraiment délirante de l'orateur *Hassenfraatz* contre Sieyes. Les journaux répètent la déclamation et refusent le plan. Le jour suivant, sur la demande formelle de *Robespierre*, à la Convention, ce projet est rejetté haut la main et sans discussion. Le comité de Salut public enfin, ne manque pas d'exclure Sieyes du comité d'instruction publique, où il avoit été placé par un décret spécial de la Convention.

Ce n'est là qu'une légère partie des iniquités semées sur sa route. L'injure personnelle n'étoit pas ce qui le touchoit. Elle ne pouvoit ni ne devoit l'émouvoir. Mais sous le rapport d'intérêt public, il lui étoit permis, sans doute, de s'affliger de son impuissance contre la durée éternelle d'un systême ennemi furieux de tout projet, de toute vûe d'organisation . . . .

. . . .

. . . .

En ce temps, des obstacles d'une autre nature et véritablement insurmontables, se sont montrés (1). Sieyes, plus isolé que jamais, a dû se circonscrire dans la sphère la plus étroite de ses devoirs.

Il nous reste à dire un mot de sa fortune. Nous avons voulu le représenter avec une fidélité scrupuleuse et comme s'il rendoit lui-même ses comptes. Sa fortune, quand la Révolution a commencé, consistoit en bénéfices et pensions pour sept à huit mille livres de rentes, en trois petites portions de rentes viagères sur l'hôtel-de-ville de Paris, faisant ensemble la somme de huit cents quarante livres, et

---

(1) *Jusque datum sceleri* . . . . . Lucain.

en divers placemens disponibles qui comprenoient son patrimoine et ses économies croissantes depuis neuf à dix ans. La totalité alloit alors à la somme de quarante-six à sept mille livres de fonds. L'article des économies avoit pour motif, le dessein de se retirer aux Etats-Unis d'Amérique dès qu'il auroit pu se former un capital suffisant, libre et transportable, et pour base la simplicité de sa manière de vivre, jointe à la facilité de ne faire aucune dépense pendant les deux tiers de l'année qu'il passoit à la campagne, chez son évêque, à quelques lieues de Chartres.

Après les décrets qui mirent les biens ecclésiastiques sous la main de la Nation, Sieyes jugea qu'il alloit être bientôt réduit à son bien particulier et indépendant. Il avoit alors renoncé à quitter son pays. Il songea donc à ramasser toutes les portions de son capital disponible, afin de se fonder pour l'avenir un nouveau titre d'indépendance, en s'assurant au moins le strict nécessaire pour vivre. Dans cette vue, il a acquis, sur une maison de commerce des plus solides, mille écus de rente viagère à neuf pour cent, ou au principal de trente-trois mille livres ou environ. Le contrat en fut passé pardevant notaires au commencement de l'année 1791. Le restant du même capital, porté, par un léger accroissement, à la somme de quatorze mille livres, a été confié à l'un de ses frères pour le réaliser en biens-fonds à plus de deux cents lieues de Paris. Il en ignore le sort, ne s'en étant plus occupé ; de sorte qu'on ne peut le faire entrer dans l'état de son revenu actuel que pour mémoire. Les derniers décrets sur les indemnités des anciens bénéficiers, avoient réduit celle de Sieyes, comme toutes les autres, à mille livres. Il en a fait offrande à la Patrie, à la tribune de la Convention, le 20 brumaire de la seconde année républicaine (vieux style, 10 novembre 1793). Ainsi la fortune présente de Sieyes est, comme on vient de voir, de trois mille livres de rentes d'une part, et de 840 livres de l'autre, le tout en viager ; plus, la somme confiée à son frère, et portée ci-dessus pour mémoire.

Il étoit impossible, au milieu des passions révolutionnaires de la France, que Sieyes, placé par sa destinée et avant l'origine des troubles, au poste où se sont d'abord portés tous les regards, ne fût attaqué, calomnié et tour-à-tour déchiré avec fureur par toutes les factions qui se sont élevées. Quoiqu'il n'ait appartenu à aucune, toutes lui ont attribué une influence qu'il n'avoit pas. On n'a pas voulu faire attention que si au commencement, avant la formation des partis, un homme seul pouvoit quelque chose, quelque temps après il ne pouvoit rien; c'étoit l'effet de l'existence même des factions.

Si l'on songe que l'acquisition de ses connoissances politiques date d'un temps bien antérieur à toute agitation, qu'elles ont été le fruit de pénibles études sur l'économie publique, de longues méditations sur l'homme, sur l'organisation des sociétés et l'histoire des gouvernemens; méditations suivies à la campagne dans un repos d'esprit absolu, loin des intérêts, des intrigues et des mouvemens de toute espèce qui se mêlent aux convulsions politiques, on pourra concevoir la force et la pureté de son attachement à ce qu'il a embrassé comme la vérité; et l'on restera persuadé, tant pour ses principes restés intacts au milieu des orages, que par la simplicité de sa vie, l'austérité de ses mœurs et la rectitude naturelle de son caractère et de son esprit, que cet homme n'a pu véritablement appartenir qu'à sa raison, à la justice, et au bien général de sa Patrie.

Mais il étoit naturel aussi que dans les combats même les plus étrangers à l'intérêt public, chaque faction le cherchât encore dans ses rangs, plus naturel que ne l'y trouvant pas, elle en conclût qu'il étoit dans les rangs ennemis. Tous les partis raisonnant de même, commettoient la même erreur. De-là mille et mille sottises contradictoires débitées, propagées et soutenues sur son compte, qui toutes ont dû s'évanouir avec l'intérêt particulier et le genre d'hostilité d'où elles tiroient un moment d'existence.

On nous permettra de placer ici une ou deux réflexions générales, qu'on pourra, si l'on veut, appeller métaphysiques.

L'influence de la *raison* est un phénomène que peu d'hommes savent apprécier. Nous avons été forcés d'en faire la remarque, surtout au commencement de la Révolution, où cette influence s'est puissamment exercée sur les affaires publiques. Nous avons vu les gens du monde étonnés de ses effets, les attribuer, et ne pouvoir faire autrement que de les attribuer à l'*intrigue*, d'autres pensées étant étrangères à leur conception, comme il le seroit à leur volonté de se déterminer sans un intérêt personnel. Nous les avons vu sourire, soit de pitié, soit d'incrédulité, à l'idée de ce que doit être un Législateur s'élevant au-dessus de la sphère des passions, pesant, sans y prendre part, les intérêts divers, réprimant les uns et conciliant les autres avec équité. En écoutant ce portrait, s'ils avoient pu y croire, ils l'auroient pris pour celui d'un sot, ou d'un homme qui ne sera jamais bon ni à lui, ni aux autres; cette réflexion porte mieux leur caractère. La raison, qui est la morale de la tête, comme la justice est la morale du cœur, sont pour eux des couleurs pour les aveugles. L'amour de l'humanité, le desir de la perfection sociale, l'attachement passionné d'un esprit droit à de si grands objets, passent leur portée morale; ils ne peuvent y croire. Ils ne soupçonnent même pas que l'*art social* puisse réellement occuper et enthousiasmer ses artistes philosophes, comme l'attrait de la peinture, le goût de la belle architecture, la recherche d'une belle harmonie s'emparent du musicien, du peintre et de l'architecte. Mais ils croient à l'ambition, à la vanité, toujours à des motifs immoraux pour toutes les actions de la vie. Nous avons vu ces gardiens inquiets de leur propre ignorance, de leurs petits abus, de leur misérable routine, craindre les chercheurs de vérité comme des espions ennemis, se méfier du travail intellectuel qui résout un problême politique comme d'une machination dangereuse, regarder une combinaison scientifique comme une conspiration. Si ces prétendus *Athéniens* avoient apperçu des philosophes se promenant dans les allées de l'*académie*, ils les auroient pris pour des voleurs qui s'enfoncent dans un bois.

Or, des hommes qui prennent ainsi les limites de leur individu pour celles de la nature humaine, n'ont pas dû davantage concevoir la retraite certaine, la vie contemplative et volontairement obscure de celui qui, après avoir eu de grands succès de raison, se réfugie dans le silence quand ce n'est plus elle qu'on peut écouter ; car l'esprit d'intrigue, hors duquel ils ne veulent rien voir, sauroit en effet se plier à toutes les positions, se charger de tous les rôles pour ne pas perdre ses avantages, pour accroître son crédit et le domaine de ses passions. Notre observation tient à la morale universelle; mais le lecteur saura en faire une juste application particulière.

Faisons connoître quelques-uns des propos auxquels Sieyes ne cesse d'être en butte, de la part de trois sortes de personnes.

Est-il naturel, disent les uns, est-il vraisemblable que Sieyes, après avoir marqué comme il l'a fait en 1789, se taise sérieusement, qu'il soit à l'écart, qu'il n'agisse pas en secret?...... Il est aisé de répondre : Sur quoi, s'il vous plaît, fondez-vous votre pensée ? Soyez de bonne-foi ; n'est-ce pas qu'à sa place, vous agiriez, vous parleriez ? Eh bien ! qu'est-ce que cela prouve ? Que Sieyes ne vous ressemble point, voilà tout. Quelques passions de plus, quelques passions de moins, et celui qui ne peut comprendre la conduite d'un autre, sera le premier à la trouver simple, naturelle, et raisonnable.

D'autres s'expriment autrement; ce sont les révolutionnaires de fraîche date, les Patriotes régnans (1); ils ont un langage à eux : nous allons l'adoucir. « Cet infame » Sieyes ! disent-ils, on a beau chercher; » voyez quel profond scélérat ce doit être, » puisque nous ne pouvons le surprendre » nulle part ». O logique des passions ! Ce trait digne de la forte comédie, quand on la jouera en enfer, nous l'avons entendu non pas une, mais vingt fois, en termes semblables, ou équivalens. Eh ! qui pourroit l'inventer ? Qu'il rappelle bien le mot d'un autre bourreau forcé de lâcher une de ses victimes : *Le coquin ! il étoit innocent.* . .

Quant aux invectives des aristocrates, ces

---

(1) N'oubliez jamais la date de cet écrit.

hommes-ci, du moins, ont eu quelque raison d'en vouloir à l'ennemi le plus décidé de leurs privilèges, et de leurs prétentions plus intolérables encore. Ils ne l'ont pas ménagé : mais, condamnés à d'éternels rabachages, ils vérifient encore aujourd'hui la pensée de Sieyes dans un temps un peu différent. Les aristocrates, disoit-il, ne savent vivre que de réminiscences. Voyez, en effet ; jadis ils rouloient sur les souvenirs de la vanité ; aujourd'hui, ils se nourrissent de ceux de la haine : dans tous les cas, ils ne peuvent sortir du passé.

Quels hommes ! Toujours déboutés, ils essaient toujours de se réintégrer dans leurs calomnies les plus usées. Aujourd'hui, comme autrefois, ils cherchent à insinuer que Sieyes est *derrière le rideau*. Derrière le rideau ! le plus épais de tous est celui que vous avez mis devant vos yeux, malheureux ! qui, pour fuir la bienfaisante égalité des droits, vous êtes refugiés dans l'antre de la féroce iniquité ; qui, pour retenir je ne sais quelle fumée d'orgueil dissipée par le premier souffle de la raison publique, avez ameuté tous les vices, tous les préjugés de l'Europe ; les avez armés contre notre commune Patrie..... Sieyes derrière le rideau !....

et vous n'avez pas même suspendu cet indigne soupçon, lorsque, par les circonstances, il est devenu abominable ! A quels indices osez-vous donc vouloir le reconnoître ? Examinez la conduite constante, uniforme, et rectiligne de Sieyes dans tout le cours de la révolution, et comparez-y sérieusement, s'il est possible, le portrait mouvant comme les événemens qu'en veut tracer votre imagination si féconde en chimères. Quoi ! le flux et reflux révolutionnaire qui a produit au grand jour tant de faits cachés, tant de détails personnels et de relations clandestines, ne vous a pas une seule fois apporté le nom de Sieyes, n'a pas une seule fois confirmé vos pitoyables soupçons ; et vous vous obstinez à le dire derrière le rideau ! Quel est donc ce rideau constamment respecté par le temps, qui ne respecte rien ? Ce rideau mystérieux que n'ont pu soulever encore, ni le reproche des insuccès, ni l'indiscrétion des triomphes, ni la vue des périls, ni les efforts de la haine, ni le machiavélisme de tant de maîtres, ni la bassesse inquisitoriale de tant de valets, ni la chûte successive des factions et des personnages les plus opposés ? Montrez-nous donc, ô habiles observateurs ! où peut être pour un simple individu, un *scrutin épuratoire* plus sévère, plus impartial, et d'où vous puissiez tirer une décision plus vraie, un jugement plus incontestable que celui-ci : *toutes les fois que Sieyes a voulu agir, il s'est montré ; quand on ne l'a pas vu, c'est qu'il n'y étoit pas.* Nul caractère en effet, disons plus, nulle complexion ne répugne davantage à l'esprit d'intrigue, au maniement ambitieux des affaires, à l'art de dissimuler ses opinions, à l'envie de chercher, de sonder celle d'autrui, d'y substituer doucement la sienne ; enfin, aux formes souples et insinuantes, qui entrent essentiellement dans la composition des habitudes directoriales. Sieyes offre en tout, les antipodes de ce qu'il faudroit être pour jouer le rôle que vous lui prêtez si gratuitement.

La dernière des absurdités inventées sur notre auteur, consiste à le placer parmi *les faiseurs* de *Robespierre*. Ce bruit a de la vogue chez l'étranger ; et dans l'intérieur, chez un assez grand nombre de personnes, qui vont écoutant, répétant tout ce qui se dit, sans jamais rien examiner. Ceux qui auroient pu s'y laisser tromper, jugeront de la vérité, par un fait sur lequel il est bien impossible

possible d'en imposer, dans la position où il se trouve, et au milieu de tant de témoins.

Sieyes n'a jamais adressé la parole à Robespierre, ni Robespierre à Sieyes. Il n'y auroit à cela rien d'extraordinaire, s'ils n'avoient pas été l'un et l'autre des deux Assemblées constituante et conventionnelle. Une pareille circonstance sert à rendre le fait remarquable. Il n'y a donc jamais eu, entre ces deux hommes, un seul mot de correspondance parlé ou écrit; jamais ils ne se sont trouvés ensemble, ni à table, ni dans la société; jamais ils ne sont restés assis à côté l'un de l'autre à l'Assemblée. Robespierre a attaqué Sieyes, sans le nommer, trois ou quatre fois, soit aux Jacobins, soit à la Convention; celui-ci n'a pas fait de réponse. L'état de leurs rapports est court, comme l'on voit; il n'en contient pas moins *toute* la vérité pure, notoire et sans exception. Sieyes est par conséquent le dernier homme auquel il soit permis de songer pour former une accollade avec Robespierre. C'est précisément sur lui que l'aristocratie, toujours ingénieuse, toujours de bonne-foi, a eu l'esprit de bâtir le beau chef-d'œuvre de supposition qu'on vient de lire. Mais, comment a-t-elle pu faire circuler un bruit aussi évidemment dénué de toute espèce de fondement ? Comment ? Demandez à l'ignorance, à la légéreté, à la haine aveugle, qui, unies, serviroient de raison suffisante à toutes les sottises de ce monde.

F I N.

www.ingramcontent.com/pod-product-compliance
Ingram Content Group UK Ltd.
Pitfield, Milton Keynes, MK11 3LW, UK
UKHW012254240726
13966UKWH00004B/1404

9 782012 468337